Sobre Caminhos...
Signos para a Pedagogia dos Caminhos

J. Camelo Ponte

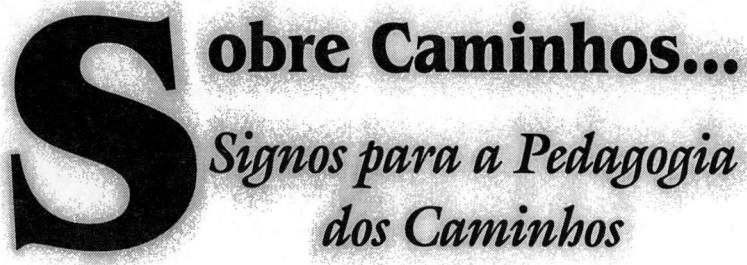

Sobre Caminhos...
Signos para a Pedagogia dos Caminhos

MADRAS

© 1999, by Madras Editora Ltda.

Supervisão Editorial e Coordenação Geral:
Wagner Veneziani Costa

Produção e Capa:
Equipe Técnica Madras

Ilustração Capa:
Acosta Garcia — Título: "Sobre Caminhos... pelas Artes Plásticas"
Técnica: Óleo sobre tela

Conselho de Educação e Cultura do Projeto
"Sobre Caminhos..." in "A Trajetória de Uma Idéia":
Prof. Dr. A. L. Chaves Camargo (USP)
Dr. Benedicto Luz e Silva (UBE)
Profº Claudio Fonseca (SINPEEM)
Profª Edna Marchini (IEJPN)
Profº João Benedicto Massarico (SE)
Profº Palmiro Mennucci (CPP)
Profº Roberto Augusto Torres Leme (UDEMO).
Profº Roberto Felício (APEOESP).

ISBN 85-7374-181-3

Proibida a reprodução total ou parcial desta obra, de qualquer forma ou por qualquer meio eletrônico, mecânico, inclusive por meio de processos xerográficos, sem permissão expressa do editor (Lei nº 9.610, de 19.02.98).

Todos os direitos desta edição reservados pela

MADRAS EDITORA LTDA.
Rua Paulo Gonçalves, 88 — Santana
02403-020 — São Paulo — SP
Caixa Postal 12299 — CEP 02098-970 — SP
Tel.: (011) 6959.1127 — Fax: (011) 6959.3090
http://www.madras.com.br — e-mail: madras@wm.com.br

Volume I
Sobre Caminhos...
(Signos para a Pedagogia
dos Caminhos)

Volume II
Sobre Caminhantes...
(Signos para a Filosofia
dos Caminhantes)

Volume III
Sobre Vivências...
(Signos para a Psicologia
Sobre Vivências)

ESTE PROJETO EDITORIAL TEM O APOIO DAS SEGUINTES ENTIDADES:

— 54.º Ano de Fundação da
APEOESP — Sindicato dos Professores do Ensino Oficial do Estado de São Paulo
– Apoio para Aplicação na Educação.

— 69.º Ano de fundação do
CPP — Centro do Professorado Paulistal
– Apoio para Prática Pedagógica.

— 55.º Ano de Fundação da
SAC — Sociedade de Assistência aos Cegos
– Apoio para Aplicação na Educação Especial.

SBPC — Sociedade Brasileira para o Progresso da Ciência
– Pelo Incentivo para a 51.ª Reunião Anual.

— *11.º Ano da Fundação do
SINPEEM - Sindicato dos Profissionais em
Educação no Ensino Municipal
– Apoio para Pesquisa e Aplicação Pedagógica.*

*30.º Ano de Fundação da
UDEMO — Sindicato de Especialistas de Educação
do Magistério Oficial do Estado de São Paulo
– Apoio para a Práxis Pedagógica.*

ÍNDICE

Diálogo com o Absoluto pelo Caminho 11
Pe. Antonio Carlos Rossi Keller

Pré-texto, Texto & Contextualização para os Caminhos 13
Francisco Aparecido Cordão

Latitude e Linguagem Sobre Caminhos 15
João J. Spinelli

O Sentido do Caminho 17
Luiz Gonzaga Teixeira

Caminho para Compartilhar 19
Rosani Tosi da Costa

Quem Caminha, Faz o Caminho 21
Mons. Sérgio Conrrado

Sobre Caminhos... 25

Signos para a Pedagogia Biopsicopoética dos Caminhos 79

Caminho para o Cinema 81
Ana Friedlander

CAMINHO PARA A DIALÉTICA NO DISCURSO DO CAMINHO 83
Janei Carravieri

CAMINHO PARA O TEATRO 85
Mário Zanca Neto

O CAMINHO DA EXISTÊNCIA 87
Newton Giglio

CAMINHOS NA EDUCAÇÃO PARA O EXERCÍCIO DOS CAMINHOS BIOPSICOPOÉ-
TICOS 89
J. Camelo Ponte

BIOPSICOPOÉTICA I 91

EDUCAÇÃO DIALÉTICA (E) DA COMUNICAÇÃO — Uma Abordagem Pedagógica ao Discurso e à Poética 92

PRINCIPAIS OBRAS DE J. CAMELO PONTE 95
Wilson Luques Costa

FONTES DE PESQUISA (e publicações coletivas) 101
Edson Félix da Costa

Diálogo com o Absoluto pelo Caminho

J. Camelo Ponte, sempre inquieto, sempre mexendo-se, sempre buscando, retrata e encarna o homem autêntico do final do milênio: o homem *aberto ao novo*, o homem que busca, o homem construção. Recusa-se, com firmeza, o meu querido amigo, a assumir as posturas anti-humanas do homem máquina, do homem programável, do homem destinado a ser, quando muito, um simples índice de estatística: o homem que não tem caminhos, o homem que já não é mais homem...

Meu amigo J. Camelo Ponte é, antes de tudo, um grande humanista, na verdadeira acepção deste conceito: um idealista que não se contenta somente em sonhar, mas que enfrenta o "que fazer histórico" da busca de um novo homem, marcado pelo sonho que precisa deixar de ser pesadelo: o sonho real de uma nova humanidade, porque formada por um novo homem: homem "ser humano", homem aberto a si mesmo e aos outros, homem em diálogo com o absoluto, que procura compreender e ser compreendido. Homem criatura do *Amor*. Homem.

Pe. Antonio Carlos Rossi Keller[1]

---

1. — *Pároco de Stº. Antônio do Limão — SP, autor de "Manual Devocionário do Congregado Mariano", Ed. Loyola, SP, 1997.*

Pré-texto, Texto & Contextualização do Caminho

"*Sobre Caminhos...*" é um "pré-texto" que, pela sua estrutura, pode ser um poema, pela sua forma, pode ser poesia, pelo seu conteúdo, pode ser prosa, pela sua dimensão, pode esconder no bojo uma vida ou o mundo todo. Ou tudo exterior a ele, com toda a sua universalidade, ou tudo interior a ele, com todas as suas adversidades. Na realidade, só os *Caminhantes* poderão defini-lo, experimentando o monólogo ou o diálogo intertextual, cada signo, cada imagem consciente e inconsciente, cada ponto, medindo seus intervalos, descobrindo *"o sabor da palavra azul-anil, aberta e degustada durante travessias de Sapós e Jaraguás — Um Quarto Caminho!"* — Eis a *Psicopoesia*, ei-lo, um Psicopoema, lembrando-nos a todos que a "nossa meta é ultrapassarmo-nos, ultrapassando a finitude do mundo".

Francisco Aparecido Cordão[2]

---

[2]. — *Educador, Filósofo, Sociólogo, Presidente do Conselho Estadual de Educação do Estado de São Paulo e Assessor Educacional do SENAC de São Paulo.*

Latitude e Linguagem
Sobre Caminhos...

Segundo Sérgio Milliet, o segredo da poesia está na "sua latitude de sugestão mais do que na comunicação precisa" dos sofrimentos, alegrias e emoções do poeta. Para Milliet, "a arte não raro atira-se no que se vê e acerta onde não se espera, porquanto sua linguagem nada tem de científica, nem de comercial. Ela é a expressão de sentimentos vagos, informes, de uma atmosfera. E mesmo quando o tema porventura se apóia na história, na lenda ou numa observação sociológica da vida, cumpre-se que essa latitude exista, para que a obra não se transforme em crônica ou relato".

A latitude reveladora do eu foi alcançada por J. Camelo Ponte. Singela, sutil, sua escritura de *Sobre Caminhos...* sugere muito mais do que a mera experiência pessoal do viver.

Análise requintada das emoções e dos mistérios — presentes e sensíveis a todos nós, são vivificados pelo autor.

Linguagem correta, sem afetação, que reconhece, de acordo com o próprio poeta, "que a trilha está acima da nossa vontade (...) e que nem tudo leva a porto seguro".

Em *"Sobre Caminhos..."*, J. Camelo Ponte mostra-se capaz de amar e admirar, com a mesma força. O poder sugestivo de uma palavra o embriaga como uma indiscreta indagação do próprio viver. Tudo o seduz.

João J. Spinelli[3]

---

3. — *Prof. Dr. pela USP, Professor Livre-Docente da UNESP/SP, Historiador, Crítico de Arte e Artista Plástico.*

O Sentido do Caminho...

(...) e o Diálogo com o Mistério... "Sobre Caminhos..." (...)

Os Caminhos estão aí. É só levantar-se e caminhar. A modernidade começa a despertar para o fato de que os caminhos são muito mais complexos do que parecem. Às vezes, para chegar exatamente aqui onde estou, é preciso ir muito longe. Outras vezes, eu vou longe, para encontrar lá exatamente aquilo que está aqui e do que eu deveria fugir, e que, sendo a morte, é o fim dos caminhos. Só por definição. E o principal: o sentido do caminho. Não o sentido matemático burguês, que é apenas uma seta apontada para a frente: mas o sentido, o diálogo com o mistério, porque o seu enrodilhar-se não é fortuito. Se apenas caminharmos, não chegaremos a lugar algum. Os caminhos, deve-se anotar para nunca esquecer: quem busca a sua Ítaca, não vai nunca encontrar esse lugar ali, no fim do caminho. Mas, eu iria além de Kovafis: esses caminhos, que não levam a lugar algum, também não são Ítaca, são, sim, talvez no máximo, portadores de sentido. Os caminhos não podem ser percorridos rapidamente. É preciso acumular conceitos, imagens, histórias... poemas, porque "o mundo é uma escola" e "a universidade é o Caminho".

"*Sobre Caminhos...*", de J. Camelo Ponte, pode ser entendido como um repertório de imagens sobre caminhos. Não se faz aqui uma reflexão lógica nem organização, mas *flashes*, lampejos, que, contudo, são buscados de forma obsessiva. Um processo de busca. Quer dizer, esses conceitos não aparecem ao acaso; temos aí, também, um verdadeiro vocabulário do caminho: passagem, extremidade, encruzilhada, fim, lanterna, destino, poeira, teia, acesso, porta, penitência, pista, perdido, transporte. E é disso que precisamos, instrumentos para refletir *Sobre Caminhos*..., inclusive para compreender que o caminho não é exatamente o que parece, mas muito mais. E muito menos.

Luiz Gonzaga Teixeira[4]

---

4. — *Mestre em* História e Filosofia da Educação *pela PUC de São Paulo. Título da dissertação:* "Modernidade e Educação". *Doutorando pela UNICAMP em* Filosofia da Educação *sob a orientação do Prof. Dr. Demerval Saviani. Doutorando pela USP em* História Social *sob a orientação do Prof. Dr. Hilário Franco Júnior. Autor de* "Utopia, Manual do Militante" *, São Paulo, Ibrasa, 1983;* "Utopia e Religião", *Ed. do Movimento Utópico, Guaxupé, MG.*

Caminho para Compartilhar

Ao entrar em contato com "*Sobre Caminhos...*", de J. Camelo Ponte, pude aprender que o ser torna-se essencialmente humano quando expressa a coragem de expor-se, reconhecendo e admitindo que só pelo caminhar é possível descobrir-se. Revelar-se a si mesmo e aos outros, pela própria força do caminho, permite embarcar em uma viagem desveladora da própria vida. Neste contexto, o impulso do viajante passa a ser a esperança e sonho de buscar, na eternidade, a luz que permitirá a negação ou a afirmação daquilo que pensava ser, ter e saber. Finalmente, explodirá um novo caminho, uma nova viagem e um novo ser num "*continuum*" infinito em que a metamorfose passa a ser lei natural que possibilita ao indivíduo a sua expansão pela construção vigorosa e perseverante.

Desta forma, agora é atentar e empreender-se ao movimento do caminhar e seguir, não solitariamente e, sim, tendo a certeza de compartilhar com todos aqueles que acreditam na autonomia e na existência do prazer em desafiar e superar o mistério que envolve o infinito viver.

Rosani Tosi da Costa[5]

---

5 — *Mestra em "Psicologia da Educação" pela PUC-SP, docente da UnG, Guarulhos, e UNICSUL, SP.*

Quem Caminha, Faz o Caminho

"*Sobre Caminhos...*", obra intrigante e esclarecedora. Labirinto em que o autor, com seu modo próprio de ser e de se manifestar, nos coloca, parece não ter saída. É o labirinto da vida? É o labirinto da morte? É o labirinto do transcendente? Obra intrigante porque, ao lê-la, cada um se volta para a sua própria intriga, para o seu próprio emaranhado que é o seu *eu* humano e, por isso mesmo, misterioso. O intrigante por si mesmo é incapaz de indicar caminhos. Daí a obra de J. Camelo Ponte ser esclarecedora. Não existe caminho feito, mas um objetivo a se alcançar. Os caminhos são construídos na medida em que o ser humano se apercebe que é imagem e semelhança do Criador e a Ele se remete por inteiro: quem caminha, faz o caminho. Obra de intriga e de esclarecimento, pois, diante do ser humano, é colocada uma chave esclarecedora: a fé.

Mons. Sérgio Conrado[6]

---

6. — *Doutor em Teologia Pastoral pela Pontifícia Universidade Lateranense de Roma e Professor Catedrático da Pontifícia Faculdade de Teologia Nossa Senhora da Assunção, em São Paulo. Vigário-Geral da Pastoral da Arquidiocese de São Paulo.*

A Quem está próximo tão profundamente
quanto distante infinitamente...
A quem vela a palavra e desvela o silêncio
de Caminhos e Caminhantes...
A quem constrói sua história e descobre
na reflexão um sentido maior para a vida
e um atalho para praticar a caridade...
A quem com ética edifica a verdade
como ideal de vida e renova seus passos
com abertura e método.

J. Camelo Ponte

Sobre Caminhos...

...pontos uns aos outros se ligando, na esperança de atingir ao fim um só objetivo. O espaço sobre as cabeças e o céu solene perpetuando as indagações. Pode haver indulgência no signo pretendido, na passagem sutil que se move, no rio que não se repete, nas causas que refletem o conhecimento, no adorno das paisagens traduzidas que acendem estrelas em abundância e desdobram arco-íris de uma extremidade a outra do desconhecido. O que não há é descanso para o viandante insone.

Descobre-se por acaso o inadmissível oculto, o interior assombroso de cada lanterna fúnebre, já salgada pelo tempo, mas logo nossos olhos míopes deixam de perceber as distâncias no vácuo imenso dos problemas eternos que os corvos debicam nas muradas dos promontórios. Escondidas nos cantos plásmicos de cada sonho, estão as elucidações do raio que governa o destino subvertido do todo.

Cobertas de poeira, permanecem as pequenas conquistas humanas, imponderáveis reminiscências que se tornam lendas, quando não loucuras e pretensões. Esperamos pelo divino guerreiro, aspirando miasmas profanados, teias sufocantes.

Todo indivíduo é um conhecimento parcial, assim como todo caminho apenas circunda a totalidade inacessível da unidade refletida. O ser é parte mínima no microespaço que ocupa, presença que irrompe como fogo-fátuo, fluida e inconsciente voragem. Tantas virtudes e tão diferentes ornatos para tão estreita porta. Sabemos que o mais belo sonho humano é a impossível harmonia, invisível, quando as razões se ampliam em homogeneidade palpável, tantos pontos e tantas direções paradoxalmente unos.

É nesse dilema que crescemos, percorrendo vias abstratas num campo gravitacional que acolhe o tempo incessante. Mesmo no lugar-comum, marginal, seguindo as medidas da verdade — o visitante indormido das estrelas viaja sempre, brilho nos olhos, contemplando a noite vasta que se amplia em causalidades e efeitos. O diferente repetindo-se em vendavais e disfarces, a aridez restringindo-se ao poético, o movimento consolidando-se em gestos e imagens inusitadas.

Um bruxo acorda a manhã, idéias iluminando as trevas soturnas em pinceladas de ousadia. Ofusca-se o imprevisto perigo da inércia infecunda, o ideal alçando-se inquebrantável, o centro da esfera produzindo hipóteses e rotações. Todas as coisas são somente um puro processo de penitência, índoles e propensões livres em si mesmas, pensamento e ação dando respostas ao ilimitado enigma, despistando insignificâncias.

Entre angustiados e surpreendidos, os heróis caminham tranqüilos, proclamando as verdades primeiras, mesmo que em eloqüência entorpecida pelo silêncio que ondeia o interior de cada palavra a ser descoberta. Nascem os mitos a partir do nada, cada imagem sendo desvelada como susto de criança iconoclasta. Eis o vivente diante de uma encruzilhada, perdido e esforçando-se por encontrar o rumo ancestral. De repente, em alta hermenêutica, desvenda sem reservas o uno dentro do múltiplo e descobre que todo caminho particular é o revelar-se do talento oculto de cada um frente ao mistério da vida.

A natureza original se reencontra e as coisas antes indiferentes então sorriem, rendendo graça não só ao passado como ao futuro, de nada desdenhando, enquanto aves em vôos multifários atiçam a volúpia ardorosa das sementes exasperadas com o pulsar da terra sob o sol. Toda passagem é persuasão e polissemia, conciliação fixa inspirando aventuras. Invade-se o espaço do outro em volição ávida, transporte e comoção ante o incognoscível, compreensão contingente da diversidade.

Aos primeiros passos, o sentimento de nobreza nos súditos, inspirando a eqüidade. Para que se possa entender o espírito, necessário que se entre em contato com os páramos da universal insânia. A verdade sempre vem de vôos concêntricos imemoriais. Um mantra então soa e sustenta as vozes dos pássaros aturdidos, tão diversos quanto as estrelas do céu longínquo.

Continuamente seguimos quimeras, levados pelo tempo idealizado, acalentando no peito ilusões solidárias, enxergando sobre os campos sempre claras luzes amenas, pomares plenos de frutos orgíacos, vendo brotar em tudo, intensamente, signos multicoloridos, imagens despojadas, antigas raízes pacíficas, helênicas histórias de antigos momentos ciclópicos.

Quase sempre caímos em equívocos, quando acreditamos conquistar expressões finais no processo em direção ao divinatório. Nada prova que a existência pertença à essência nem que os caminhos levem ao reconhecimento inelutável de nosso destino, o único que temos. Todo caminho é o sonho amplificado de nosso coração iludido.

Viajar, sim, para o país das idéias eternas, num dualismo entre pensar e ser; no embate dos discursos, idéias e pensamentos sobrevivem, gestando para um novo despertar. Sombras cortam-se em fios de luz, enquanto o Sol resgata os seus filhos do encanto da escuridão. Se discursos cinzelam o eu-interior, o Belo edita seus conceitos. A pérola é apreciada e ofertada à musa; entre realidade e sonho, o duelo por sua posse. Na primavera, a poesia enfeita os Caminhos, conceitos antigos em efusão mergulham em calamitosas falências. Mudando de rumo, diluem-se no tempo. A fogueira das vicissitudes transforma os elementares num verdadeiro caos-harmônico; fronteiras já não existem, tudo está, tudo é, e o éter, como por encantamento, salva a configuração dos infortúnios.

Ressurgem novas concepções, achando-se o Caminhante entre engenharias e fábulas imprevistas que prendem figuras nas ante-salas dos horizontes; paradoxos singram da lógica revivida, como a desdenhar daquilo que aprendemos no vento. A linguagem amável recusa *O Príncipe*, a práxis dita uma norma comportamental branda em que a utopia engendra um espelho reverso. Ali a sombra está só, no convívio com o incognoscível. Mesmo que se siga incontinenti a lógica dos passáros, evitando-se os limites hesitantes da imaginação humana, mantém-se acesa a febre dos abismos nas priscas da Consciência Universal. A vida é um Caminho Involuntário.

Na sociologia dos caminhos, a teoria da neutralidade dos objetos é simplesmente indefensável. É duro reconhecer que a trilha está acima de nossa vontade, mesmo que não sejamos totalmente submissos aos seus meandros. Outras arestas surgem, escorregamos numa voz interior irresistível, semelhante à vontade de conseguir chegar, decompondo os alicerces, agarrados à determinação raciocinante, presos ao projeto de desmentir distâncias, na ânsia de apagar os exemplos afáveis, corteses, de nossos antepassados. Supõe-se emancipar o pensamento das estruturas e dança-se sobre os abismos.

Há por hipótese ruas e ruas, estradas e estradas, e nem tudo leva a porto seguro. Pode-se questionar a existência da pedra, o emergir do fogo, o limbo dos séculos impertigados no exercício de resistir às intempéries, os artifícios apreendidos, as semelhanças e os estilos exteriores a sua estirpe, tudo, a sensibilidade, a gota imitando o inconsciente, involuntária a placenta do mundo...!!! O conceito não se reduz apenas à realidade, o pensamento transcende a experiência pessoal, mesmo que a gota role, ela mesma, em seu exercício livre e irresistível de ser.

A investigação é um caminho; cientista ou mago, poeta ou ateu, o homem flutua entre analogias, quando a gota e a pedra demarcam não só os limites das ações como também do íntimo dos viajantes, sem condescender e sem propor tréguas. A mocidade cosmopolita, sem a imitação artificial e servil, precisa constatar as tendências e transformá-las em consciência geral. Só assim as sublinhas conseguem conhecer a sinuosidade e a desigualdade do ponto, aparentemente imutável, sem desespero ou dúvidas, pois o caminho é liberal, grávido de mistérios e sabe expor a indignidade, a ditadura social do respeito cego, a conveniência vil do que se cala sem a propriedade árdega do silêncio. Há milênios acumulados numa curva sinuosa ou numa reta infindável.

Todo caminho passa, mas não cessa, o tempo acumula-se no eterno retorno, na oposição histórica entre o ser e o não-ser. Nessa simbiose, os que passam por um caminho, desfraldam as bandeiras das essências, não se gastam, não se perdem, apenas acendem as luzes contra as sombras intermináveis que guardam em si oferendas, indistintamente para todos, sem vaidades ou preferências, já que a passagem é a verdade, o caminho: o chamado. Nessa experiência única caem por terra os muros. A passagem é o estreito, o estreito é a visão, a visão é o intelecto e o intelecto é a via, ou seja, a igualdade da ação e da reação, o poder da repetição sobre a existência, desfazendo-se a ilusão da fatalidade, garantindo que somos livres.

A via é o sentido e o sentido é o caminho, são propostas e soluções. Enlaçam-se os ventos, mágicas transcendências, porque o caminho é o início e o início são os ventos — os ventos da alma, e a alma se faz espírito, e o espírito é um reflexo, e o reflexo é um espelho, lago a céu aberto, causa e efeito do sonho de viver.

O caminho é um rio, eterno como a vida. Empreender uma batalha é tornar presente o tempo, determinar o lugar e sua importância. Jogamos pedras no rio, pedras que turvam as águas. Entre a memória e a ação, o contexto, os critérios dos sentidos, meros exorcismos verbais. Os rios de fogo se espalham efetivamente pelas rotas contemporâneas, insuflando revoltas insensíveis, insólitas dores. Porque não somos uma ilha, explodem as forças atuantes da História, o real feito última página que arde como acréscimo do alvo e do teorema, pressões para uma postura espiritual que sublime as normas do conhecimento, provocações para uma arte fértil que encontre o sol numa manhã de primavera.

É assim que a trajetória se torna o coração do caminho, aberto aos mergulhos hialinos, percepção e virtude nos movimentos de combate à adversidade.

O alento é o conhecimento, ofertório virtuoso, variações, movimentos e discursos, passagens livres para a Beleza sem pretensões, a Sabedoria sem dogmatismos, espadas sagradas para a Liberdade. Na incontinência das frases legíveis, capazes de preencher a realidade e o culto insubstituível de viver, movimentam-se fatos e figuras que se convertem em obra íntegra e significativa, resolução e independência.

O ânimo surge desta convicção como um relâmpago surpreendente. Fazemos então vibrar o espírito, não mais lacônico, preenchendo todas as geometrias dos argumentos perceptíveis. Não há retorno da liberdade conquistada pelo perdão e pelo amor, o sonho deslumbra pela verdade de seu momento, irrefutável caminho que sopra como o vento da noite e parte como as marés da manhã, acenando solidário para os que permanecem às margens.

O caminho é o diário pessoal que se fixa na memória, água cristalina descontraída que se movimenta inesperadamente, experimentando alternativas. O ar cheira a espaços transmudados, ouve-se uma voz silenciosa através das civilizações, imanência flutuante que assimilamos numa troca tácita de experiências. Sem convencionalismos nos libertamos, fluindo, em pura música revivescida, a natureza apaziguada, desobediente o espírito às restrições, eventualmente arrancando os grilhões, avesso às tradições, atento à persistência, à pertinácia, ao sentido próprio, ao vigor, na busca da totalidade.

Já sem correntes, todas as formas de sentir acordam entretecendo floras e profecias, sem políticos, sem juízes, sem policiais, sem resistências, sem medo, sem cuidado. O caminho vive nas bordas íngremes das escarpas indevassadas. Ao longe a visão se espalha numa relação íntima com a natureza e a liberdade, com ponderações abstratas restaurando o primado do inteligível.

Há tato e prudência no vôo excedido do pássaro que se apropria do espaço adjacente descobrindo particularidades. Deserto vertical, a paisagem é uma aventura que irrompe do nada, ritual do silêncio das estepes, embriaguez da terra úmida, hálito morno da liberdade vislumbrada. O vôo é um estudante, lição que se aprende na asa agônica que se abre a custo, apelos contraditórios ao longe. O pássaro é o condutor que assimila a originalidade dos subterrâneos infinitos. O passageiro, desbravador, é o aprendiz dos horizontes. O distante é o apelo e o modelo, claridades delicadas, perspectivas doces da paisagem. Segue-se outro crepúsculo, auroras e refúgios. Esmera-se o azul em ser a liberdade primitiva, majestosa e odorífera. Depois outro crepúsculo e nova aurora, em sucessões. O amarelo sagrado, o verde esperança, o azul néctar, branco assimilação. O tempo é chama que não arde, antes imaginado do que vivido. A criação dá início a ramificações esgarçadas na manhã transparente, da meditação surgindo horizontes lácteos, repletos de segredos e elegias.

O coração extenso e objetivo espreita as curvas do mistério não resolvido, olhos que se inclinam sobre a elevação empolada, morte, sonho, amor, solidão. O rebanho em desordem nas paragens entre geada e orvalho, a escolha do leito sempiterno negligenciada, porque gostamos de complicar o fácil, o conhecido, o feliz, optando pelos mistérios insondáveis, os poços totais, o decifrar de palavras enigmáticas.

O declive adiante é desafio inerente à panacéia universal dos símbolos transitórios. Desde que o caminho se esboça, opera-se uma separação na visão do viajor, as imagens se tornando defeituosas e concisas, o sol na elevação do abismo se estendendo num impulso de bifurcação, relâmpagos a rasgar o infinito em imitações da criação virginal. A exclamação dentro do peito é dolorosa, porque canta o espaço e o encontro, ao sentir que a verdade está mais com o santo do que com o poeta, o sagrado ciclo unindo divindade e criatura ao acaso, em oração veza e antiga, surrealista e solitária, interrogação estéril em premonições, ponto e vírgula, reticências, rédeas soltas sobre os limites e a extensão das analogias incomensuráveis.

O sol adverte sobre o abismo, mas não explicita o risco de sua profundidade. Gritos e choros não arrancam os mortos do tremor de terra fatídico. Rapidamente se eleva o fogo da destruição e o solo se queima, sol do inferno, dimensões multiplicadas da dor mais profunda que é a de ser dentro do mistério ambíguo. As veredas que saem do caminho vibram explícitas o supérfluo que se alimenta das trevas, ampulheta inquebrável que no final do corredor identifica as tendências similares dos deuses e dos homens em sintonia e em freqüência no número vibrante de linhas desencadeadas. A mutação ocorre feito rio de queda alta, atração e repulsão, recíproca e rigorosa, melancólica interrogação cujo desfecho se inventa. O conhecimento é uno e universal, mas os caminhos são múltiplos.

Como donos do vento, seguimos por trilhos desobstruídos, navios em graus infinitos. Os caminhos adormecem e têm sonhos potentes, realizam o irreconciliável numa corrente subterrânea que logo se superpõe em níveis diversos, aquecendo a existência, descobrindo o solo real que suporta um mundo de ilusões.

Quando reconhecemos um resultado matemático, sem dissimulação ou mentira, é que o Caminho visa a os opostos secretos, oração que desvela a universalidade do ocaso. A palavra em liberdade é objeto que empresta a todas as trajetórias um sentido divino, porque assume o exercício fundamental da Verdade. Prática e direta, produz no concreto e no abstrato a Vontade Responsável. Como todos os Caminhos passam por si mesmos, todo ponto tem suas faces ocultas, funções provisórias da realidade. A pérola é o *quarto caminho,* o da regeneração da vida. Todo mistério se desvela em signos, se cresce do coração. A Consciência Coletiva é apenas um espelho d'água a céu aberto. No profundo, a alma que se arremessa em cavernas e vácuos, esconderijos de divindades. A vida míngua pela ausência. O Caminho não é premeditação!

Em dimensões multiplicadas, no entanto, os caminhos realizam e transformam o equilíbrio de vidro intacto, seco, épico tempo renascido. A universidade é o caminho.

O grande equívoco é que muitas vezes não se sabe dos contrafluxos e se fica atravessado no centro das causas objetivas para desespero de todos os outros viajantes ocasionais que não se identificam, sobrepostos, vulgares, barrados, enormes, estáticos, eletrônicos como novelos, rolando rumo abaixo, perdidas crianças que soltam pipas num céu opalino no desespero de voar.

É preciso sonhar a vida e experimentar nas coordenadas irracionais toda a existência possível, exercitando o amor à luz do tempo absurdo, olhos e ouvidos se convertendo em sentidos extras, porque é no exercício do fantástico que apreendemos a vida real e construímos nossa continuidade cósmica. A harmonia perdura nas contradições profundas, porque é no exercício revolucionário de amar que se cria e se recria a vida.

Por isso, às vezes, uma teoria, um discurso, uma perspectiva, um conceito, uma determinação, enfim, algo diferente, mesmo um fenômeno de simples comicidade, acaba incorporando vozes perdidas na totalidade radical, postergadas, e muitas vezes esquecidas, pelo contexto histórico-social. O caminho que sobra para os párias procede da riqueza do universo polifônico. Da análise dos mistérios das enunciações é que se explica a realidade.

Todo caminho é a voz do sonho, elo do horizonte sobre um pequeno grão de areia. O universo se integra na estreita associação entre arte e magia, quando a voz do sonho, de irreverente, sorrirá, num plano intemporal, à consciência de uma era que passará aquém — e além — das tragédias e das religiões.

Não se pode ser específico, técnico, objetivo, formal, quando se demonstra o caráter abstrato, irreal, da última instância humana, a alma, razão universal que se estrutura enquanto se esvanece. Mereço descomposturas por suavizar os rudes contornos da realidade?

Sigo os quatro ventos, aprendendo os jogos que não acabam nunca em suas significâncias intocáveis, para que o contexto se torne digno de mim, já que meu eixo de equilíbrio está em todas as condições que as argumentações desconhecem, inscrito, indiferente e crítico, de forma necessária e pessoal, sem limites em meu metapoder, para que a justiça se faça.

O caminhar expressa o desenraizar-se contingente, quando se rebela contra o presente, negando o passado, projetando-se no futuro. Uma espécie de tipologia domina o texto que se constrói invocando a fidelidade ao real, libertando o discurso, tangência entre o conceito e o seu oposto desigual — por isso as imagens são expandidas dentro dos limites reduzidos, com visões paralelas, detalhes dialéticos, dentro da perdurabilidade infinita. Quem sabe se, além do visível, a memória não guarde existências individuais aptas para uma ação centrada nas conclusões que nada mais são do que o princípio interagindo?

O que vivemos não tem nunca a intenção de se tornar uma riqueza em si mesma — a missão da criatura é se identificar com o criador — daí que o universo esteja povoado por existências que se conciliam na construção da mesma História, que não é inocente, porque fruto da liberdade essencial. O histrião não pode fugir às medidas de suas esperanças, sobretudo se objetiva aplacar sua fome de absoluto.

Podemos em nossa práxis abolir o reflexível, mas nunca a força pedagógica da natureza, com sua utilidade tanto material quanto espiritual, expressão e afirmação do humano, quando confrontamos a "matéria", a "coerência", o "significativo", o "informacional", no rigor do pensamento intuitivo, essência que reconhece o mundo concreto, criado para nós, criaturas, verdadeiro *feedback* de introdução à mimese, espécie de universo espontâneo que se refugia e reflete na existência alheia.

Nada é menos preciso que a ilusão, pois a esperança tem uma constelação de sonhos definidos, blocos de cristais de arestas que imitam a perfeição. Não há como dizer da criação que plasma o espiritual. A luz desvela o imaginário e a infinitude dos sentidos reflete horizontes intransponíveis, numa antologia infinita de grandezas que se dividem entre tempo e espaço. Não apreendemos de nossos atos nunca mais que simples propostas e abstrações.

A subjetividade não é, em tudo, o ponto final, tendo o homem de renunciar a si mesmo, para que se afirme a universalidade. Nos fins perseguidos, desborda a palavra e dela a poesia que permanece suave, eterna, permeando signos, via formativa da natureza vital-básica pelos estreitos hostis da negação. A sensibilidade nos conduz pelas mãos entre sonhos na trilha áspera dos *icebergs*.

Na facticidade do sensível, na estrutura do inteligível, na propriedade da aparência, na flutuação da realidade, na magnitude da ilusão, ascendemos à verdade do conhecer, à frustração de desconhecer a essência do *topus uranos in mundos est imundos*. Temas, motivos, aparências, relações, ângulos e estilos, como se tivéssemos o caminho dizendo para o caminhante: "Eu sou eterno, você é passageiro".

Não haveria razão para a vida se houvesse apenas uma realidade imutável. A Verdade é que, sendo Una e diferente para todos nós, faz de nossas vozes uma polifonia de idéias e pensamentos, para que o caminhante se faça perfeito. A busca de uma nova expressão converte-se em necessidade de conquista, para o que se deve ter a consciência do raciocínio, o equilíbrio da vontade e a certeza do coração. Não se toca o princípio da Criação sem a evolução da natureza decaída.

A sintonia do raciocínio é a força da inteligência, é a luz do caminho, é a harmonia interior; experimentar é saber a razão de ser e estar no único poder — o Amor; a creação e a criação são os olhos do signo de viver a essência e tocar a semente oculta. A Fé é a chave!

A linguagem da existência se desvela liberada pelos símbolos, em associações que configuram a extrema limpidez da essência, mas, para a compreensão verdadeiramente representativa, é preciso deixar que o outro faça também sua prosa, pessoal e intransferível. O caminho, como a vida, é a criação de uma realidade em que se plasma a multiplicidade, mesmo que ao fim reste apenas a síntese, nenhum ponto além da própria experiência individual.

Prescreve-se o sentido, o conceito, o confronto dos movimentos, a validade das relações, assim como também se prescreve a posição da afeição que quisermos exprimir em nossos atos, mesmo que incompletos, por estarmos presos a nossos invólucros e pressupostos, incertezas e dilemas, intimidados ante nossas origens naturais.

Dispamos nossos enredos e assumamos o espírito de metais absolutos, exorcizando os demônios descobertos...

Caminhar! Vai-e-vem, uma arrumação de emoções insubmissas e derramamentos de expressões musicais, um mistério grande com intervalos desmedidos, sempre sedimentados na intemporalidade dogmática e indivisível do conhecimento. Sou o que preciso ser na forma e na antiforma, na depuração incondicionada da realidade histórica no menor dos elementos, no mais leve dos movimentos, no mais tênue dos fragmentos.

Os caminhos eternos que aproximam as criaturas, sem nenhuma dor ou culpa, ultrapassam as ambigüidades do meramente humano. O espaço se enche de aromas sublimes, loucura efêmera, deleite maravilhoso, liberdade e prazer, expressão e comunicação, causas que estão no profundo.

Nossa meta é ultrapassarmo-nos, ultrapassando a finitude do mundo. Destruímo-nos na construção do outro ser que imaginamos e que ficará para sempre na certeira eternidade autônoma. Modificando-nos, reorganizamos a instância e a grande viagem que deve ser redimida, o que concretiza a verdadeira identidade de todo devir em suma totalidade, princípio do próprio infinito...

Signos para a Pedagogia Biopsicopoética dos Caminhos

Caminho para o Cinema

Neste momento de grandes decisões e questionamentos, inclusive quanto aos valores culturais da atualidade, com vistas ao meu futuro, eis que descubro *"Sobre Caminhos..."*, um texto que me deu várias perspectivas para um grande projeto cinematográfico — um projeto que flui à medida que vou descobrindo os signos, onde se escondem cores, música, movimento, sonhos, numa busca essencial e universal de quem quer se encontrar, trilhar o caminho ao seu próprio encontro. É, pois, um ponto de encontro comigo, onde inicio também um aprendizado e uma relação mais íntima com temas universais de grande importância e profundidade.

Um trabalho ligado a palavras escolhidas que vão se associar a imagens elaboradas por um processo tão ou mais significativo que o próprio resultado. Esse processo envolve pesquisa, experimentação e uma carga de desafio, pela complexidade e envolvimento, a que todos que estão participando se propõem a desenvolver com cuidado e dedicação.

Adaptar *"Sobre Caminhos..."* para o cinema é um desafio apaixonante, principalmente quando se trata de uma nova proposta de texto para a dialética do discurso e da comunicação, propondo um longo diálogo com nossos próprios caminhos e uma relação íntima com a *"Biopsicopoética"* e a *"Psicopoesia"*, o que torna esse "exercício com a palavra" uma práxis fascinante.

Mesmo tendo esse grande desafio pela frente, com uma equipe já organizada e um produtor que nos acompanha desde os primeiros passos, temos, e já começamos a experimentar, o processo enriquecedor para todos os que participam ou que puderem vir a apreciar o resultado.

Concordo com Max Weber quando diz: "Ao prosseguir os meus humildes esforços de criação, dependo numa grande medida daquilo que ainda não sei e daquilo que ainda não fiz", mas que já se iniciaram e que já se fazem em meus pensamentos.

Todas essas vantagens e possibilidades, somadas a estarmos em contato direto algumas vezes com o autor de *"Sobre Caminhos..."*, são uma experimentação, um processo de aprendizagem envolvente e eficaz, ampliados pela sensibilidade de fazer *novos caminhos* de *J. Camelo Ponte*.

Ana Friedlander[7]

---

7. — *Ana Isabel Friedlander — Atriz, diretora e roteirista de cinema. Bacharela em Cinema pela FAAP — Fundação Armando Álvares Penteado — SP.*

Caminho para a Dialética no Discurso do Caminho

A obra de J. Camelo Ponte transpõe, ao examinar os fatos da trajetória humana, uma universalidade, à Luz da dificuldade que se tem na escolha das opções, porque toda e qualquer "escolha" como que vem sempre acompanhada de uma angústia existencial, mesmo que possa ser iluminada ou pré-iluminada através da Pedagogia.

Em sua visão, cada *caminho* é um promontório que adentra pelo mar da vida, mostrando uma superfície e ocultando as suas bases, dando, assim, um sentido de mistério à existência como um todo. Na construção de sua trilogia, *"Sobre Caminhantes..."* como que é o lado oculto de *"Sobre Caminhos..."*, da mesma forma que *"Sobre Caminhos..."* é o lado oculto de *"Sobre Caminhantes..."*. Embora a dualidade exprima, sem dúvida, *uma concepção dialética,* por colocar o problema das relações entre o *ser,* e o *ter* o que supõe movimentos independentes, talvez por isso os dois não estejam aqui juntos no mesmo tomo. A esse propósito, talvez *"Sobre Vivências..."* venha a explicar o sentido ou a razão por que os três livros estejam separados. A meu ver, essa divisão justifica a proposta geral de J. Camelo Ponte. Aliás, sabiamente, porque, no seu enfoque, *"o ser é visto em vários planos sob diversos ângulos"*.

Fica claro que a opção por um *caminho* nos leva inevitavelmente a um grande questionamento pessoal. Como o ser singular e concreto é obrigado a conjeturar sobre suas motivações, o que constatamos é que hoje qualquer opção pelo *caminho* é marcada *pelo desejo* e *pelo medo*. Sendo mais direta: O desejo *de ser* e o medo *de não ter*. O desejo como que engendra o medo, criando o estado de dependência. Através da *Ciência Pedagógica* e da *"Biopsicopoética"* vem-nos uma compreensão mais profunda sobre a realidade do *caminho* como aprendizado efetivo, no sentido de nos tornar mais conscientes de nossa condição, quando a Psico-ontologia nos leva a reconhecer que é o universo simbólico cultural que impele o Homem a trilhar caminhos que, pela lógica, seriam indesejáveis. O próprio desejo mal projetado forja a angústia existencial.

No entanto, não podemos esquecer que o desejo e o medo são forças motrizes para que se possa ver o mundo (*Weltanschauung*), dentro de uma pedagogia que nos ilumine ou nos conduza a uma visão *do* ou na situação *de*, para que se possa criar uma nova forma de vida.

O valor fundamental da temática de J. Camelo Ponte está no tratamento dado à existência, ao valorizar o ser individual, sem, contudo, deixar para trás elementos pertinentes ao próprio ser (formação, hereditariedade, cultura, meio ambiente...). *"Sobre Caminhos..."* se torna fascinante justamente por associar o *pensar* e o *sentir*. Aprender a ser, para J. Camelo Ponte, passa por esse caminho.

Janei Carravieri[8]

---

8. — *Pós-graduada em Teoria da Comunicação, pós-graduada em Jornalismo, Mestranda em Ciências da Comunicação, pela Fundação Cásper Líbero, Faculdade de Comunicação Social Cásper Líbero. É professora universitária.*

Caminho para o Teatro

"*Sobre Caminhos...*" discute a diversidade de *caminhos* que se apresentam diante de nós durante a vida e, quando nos colocamos a postos para essa viagem, nos deparamos com a angústia da escolha, que nos acompanhará sempre, pois o caminho estará sempre se bifurcando. Portanto, a viagem por esses *caminhos* só nos levará a um lugar, ao encontro de nós mesmos.

Quando realizamos essa "jornada interior" é que encontramos o Deus que está dentro do ser, portanto, percorremos o *caminho* do herói. A busca do ser.

O que mais nos atrai nessa viagem, nessa descoberta de *caminhos*, do mistério, do desfazer-se da pele para criar uma nova, é exatamente a possibilidade do crescimento, ou seja, do conhecimento. E o próprio conhecimento se amplia e se multiplica nas diversidades de visões, em outras possibilidades e indagações frente ao mistério da vida. Caminhos "*Sobre Caminhos...*"

Como já disse Peter Brook, o teatro tem o potencial de substituir um ponto de vista único por uma pluralidade de visões diferentes. Portanto, vejo em "*Sobre Caminhos...*" a possibilidade de fazer valer essa qualidade, entre outras, do teatro, e, no meu caso, em relação a este texto, um monólogo. Mesmo porque são os caminhos que estão se apresentando diante de nós e nos desafiando para percorrê-los. Na ousadia e no mistério, o conhecimento. Vejo, ainda, a necessidade de estar motivando outras pessoas para essa viagem, à busca do ser, do conhecimento, "espada para a liberdade". O Teatro, o Cinema, a Música e o Ballet podem e devem ajudar nesse processo ou trajetória de idéias, onde encontramos *J. Camelo Ponte* entre os clássicos pós-modernistas.

Mário Zanca Neto[9]

---

9. — *Ator, diretor e roteirista de Teatro. Mestrando em Comunicação pela Faculdade Anhembi Morumbi. Pós-Graduação em Comunicação Social pela Fundação Cásper Líbero — SP. Bacharel em Ciências Sociais pelo Instituto Superior de Ciências Aplicadas de Limeira — SP.*

＃ Caminho da Existência

O caráter da existência humana é a nós profundamente desconhecido, e, como tal, infere na "opção de ser" de cada um. O desconhecido, o enigmático, fascinam e arrebatam; na volúpia de desvelá-los *caminha-se*. Por que *Caminhos*? Em quais *Caminhos*?
J. Camelo Ponte, usando o método analítico-reflexivo, expressa-se na poesia da dura realidade da opção. Se, há tempos atrás, "Ser ou não ser" era a questão, agora, mais que isso, o cerne analítico não está "em ser", mas sim em "através do ser".
Ético, estético ou lógico, não importa bem o que se quer ser, o que importa é a dramaticidade do paradigma a ser tomado.
"Sobre Caminhos..." é reflexão profunda, que, firmemente, desencadeia uma reação contra a ansiedade expressa na difícil relação entre a conquista e a incerteza (o *medo* de ser e o *desejo* de ter, mais especificamente). Diante da obra, forças reativas e ativas são desencadeadas, e, por meio destas forças, buscam-se as origens do comportamento assumido ou por assumir.
"Sobre Caminhos..." expressa a arte de interpretar a diferença e a dificuldade do ato concreto de uma opção de vida.
"Sobre Caminhos..." é pista para se reconhecer que a verdade de cada um é possível de questionamento, quando se visa uma *Verdade Universal*. E se esta, porventura, não existir, nem por isso

deixará o homem de continuar, no seu âmago, a sobrenadar no pântano da incerteza de *ser*. No entanto, se tiver acertado seus passos, a experiência terá servido para alguma coisa.

Newton Giglio[10]

---

10. — *Filósofo e Psicólogo pela FAI, Faculdades Associadas do Ipiranga, São Paulo.*

Caminhos na Educação para o Exercício dos Caminhos Biopsicopoéticos

Por

J. Camelo Ponte

BIOPSICOPOÉTICA I

Em todo conteúdo há emoção, espaço/tempo. O conhecimento e a emoção de um caminho alternativo e original germinam de uma idéia fecunda que desvela do silêncio e do oculto pensamentos do pré-consciente; a cultura evita a premência, re-projeta o psíquico, rompe com os estereótipos, re-descobre uma estética, processa e re-dimensiona a probabilidade da ciência.

A palavra vitaliza a capacidade e formata o caráter; cria imagens, é *caminho* e *caminhante,* buscando as *"sobre vivências..."* do sonho e da realidade; enfoca as questões como parte delas, acontece através da razão e investiga a intuição; realiza no presente o passado e o futuro; fruto-semente do exercício, é a dinâmica do empírico, transformando e expandindo a capacidade do "ser" sob a luz, enquanto a eternidade, perdure.

A consciência é prática e práxis e o ser não pode ser tratado só enquanto "ser", mas também enquanto *"não-ser"*; porque, no "eu", energia, forma e início se desvelam da Fonte.

As dimensões da vida compreendem toda experiência conjugada em todos os verbos e em todos os seus tempos.

J. Camelo Ponte
Rio de Janeiro,
"Casa de Rui Barbosa"
7 de julho de 1975

Educação — Dialética (e) da Comunicação, uma Abordagem Pedagógica ao Discurso e à Poética.

Objetivos: Trabalhar junto ao leitor (aluno) no sentido de treiná-lo a pensar a estrutura da linguagem (em todas as suas formas) inclusive nos mais diversos meios, como: cinema, dança, música, teatro, na imprensa falada, escrita e televisada (inclusive na família, na relação com os amigos — O que é participar? *no seu sentido amplo.*) — a partir da escrita, relacionada a formas de pensamento e à engenharia da palavra dentro dos paradigmas da "Biopsicopoética & da Psicopoesia". Desenvolver a competência comunicativa intrapessoal e interpessoal. Utilizar os códigos estéticos, lógicos e argumentativos, conforme a tipologia textual.

Ementa: Abordagem das estruturas verbais básicas do texto na comunicação, no discurso, na narrativa; os processos descritivos, dissertativos e argumentativos. Análise das figuras de linguagem, a informação verbal/visual, os rótulos, complementos, o eixo central da idéia, o pensamento (como organismo reprodutor de palavras), o signo, sistema de signos, o significativo e o significando, texto e contexto.

Conteúdo Programático: 1. Língua e Linguagens. 2. A Lingüística e Semiótica. 3. Conceitos básicos do estruturalismo. 4. A teoria do signo lingüístico. 5. As funções da linguagem (Bulher) — Expressiva, Apelativa, Representativa. 6. As funções da linguagem (Yackolson) — Emotiva, Conotativa, Referencial, Metalingüística, Fática, Poética. 7. Introdução à Semântica. 8. Natureza e caracterização da Comunicação. 9. Tempos Verbais — abordagens comunicativas. 10. Argumentação e linguagem. 11. Categorias argumentativas. 12. Categorias argumentativas do nível retórico. 13. Interpretações de texto, possibilitando o aluno a: Pensar, Falar, Ler e Escrever. (O que é Participar? como objetivo)

Metodologia de Ensino: Aulas expositivas, *"Discursões"* e Debates a partir de *"Sobre Caminhos..."* para: Artes Plásticas, Cinema, Mímica, Música, Jornal, Teatro, Vídeo etc... podendo ser utilizadas como meio de estudo para todas as tendências da comunicação e do discurso. Oficinas: Oficina da Palavra, da Imagem, do Som, de Arte-criatividade, para todas as idades (*in* "A Trajetória de Uma Idéia" — Pesquisa: vols. I-A ao vol. XII-F).

Sistema de Avaliação: Efetuar avaliação individual. Aplicar avaliação em grupos de no máximo cinco elementos. Avaliação Continuada. Auto-avaliação e Diagnóstico. O resultado deverá ser partilhado com todos os elementos envolvidos no processo de ensino-aprendizagem.

J. Camelo Ponte
São Paulo, USP, Faculdade
de Filosofia Letras
e Ciências Humanas, 1991

Principais Obras de J. Camelo Ponte

por
Wilson Luques Costa

Portais do Tempo, Poesia, 8ª Ed., 2ª tiragem, Cortez Editora & Unidas-Editora, SP, 1993.
Prisma Errante, Poesia, 2ª Ed., Unidas-Editora, SP, 1993.
Sobre Caminhantes..., Prosa, no prelo.
Sobre Vivências..., Prosa, no prelo.
Sobre Caminhos..., Prosa, 1ª Ed. (Tiragem experimental para pesquisa cientifífica), Efusão-Editora, SP, 1997.
A Trajetória de uma Idéia, Tese.

Publicações das Pesquisas in "A Trajetória de uma Idéia"

- *Espaço Livre I,* Vol. I-A, 1ª Edição — EEPSG "Prof. Luiz Gonzaga Righini", SP, 1991.
- *Espaço Livre I,* Vol. I-A, 2ª Edição, EEPSG "Prof. Luiz Gonzaga Righini", SP, 1992.
- *Espaço Livre II,* Vol. II-A, 1ª Edição, EEPSG "Prof. Luiz Gonzaga Righini", SP, 1992.
- *Espaço Livre II,* Vol. II-A, 2ª Edição, EEPSG "Prof. Luiz Gonzaga Righini", SP, 1993.
- *Expressão Viva,* Vol. I-B, EEPG "Profª. Angelina Madureira", SP, 1992.
- *Espaço Aberto,* Vol. I-C, Colégio "Campos Salles", SP, 1993.
- *Expressão Livre,* Vol. I-D, EEPG "Prof. José Monteiro Boanova", SP, 1993.
- *Espaço Interior,* Vol. I-E, EEPG "Prof. Paulo Trajano da Silveira Santos", SP, 1995.
- *Asas do Tempo,* Glorinha Mourão Sandoval, Efusão-Editora, SP, 1992.
- *Fala um Nome... de A a Z* (Poesia da Infância), Laurita Gentil, Unidas-Editora, SP, 1993.
- *A Vida Como a Vida É,* Paulo A. Figueiredo, Unidas-Editora, SP, 1993.
- *A Guerra Santa do Sertão,* Joel Câmara, Fundação Educacional Nove de Julho, SP., Efusão-Editora, SP, 1996.

Em Braille

• *Prisma Errante*, Edição da Secretaria Municipal da Cultura, Centro Cultural São Paulo, Biblioteca Braille, SP, 1994.

• *Portais do Tempo*, Edição da Secretaria Municipal da Cultura, Centro Cultural São Paulo, Biblioteca Braille, SP, 1994.

• *Sobre Caminhos...*, Edição da Secretaria Municipal da Cultura, Centro Cultural São Paulo, Biblioteca Braille, SP, 1997.

• *Prisma Errante*, Edição da Sociedade de Assistência aos Cegos, Instituto de Cegos "Dr. Hélio Goes Ferreira", Imprensa Braille "Rosa Baquit", Biblioteca Braille Josélia Almeida, Fortaleza, Ceará, 1995.

• *Portais do Tempo*, Edição da Sociedade de Assistência aos Cegos, Instituto de Cegos "Dr. Hélio Goes Ferreira" — Imprensa Braille "Rosa Baquit" — Biblioteca Braille Josélia Almeida, Fortaleza, Ceará, 1995.

• *Sobre Caminhos...*, Edição da Sociedade de Assistência aos Cegos, Instituto de Cegos "Dr. Hélio Goes Ferreira" — Imprensa Braille "Rosa Baquit" — Biblioteca Braille Josélia Almeida, Fortaleza, Ceará, 1998.

Pesquisa (Projeto) Pedagógica (o)

I. Projeto de Capacitação: *trabalhando a "Biopsicopoética" in Texto, Contexto & Contextualização* (a partir da estória infantil "*O Rei Imprudente*" aplicado para docentes em geral) — J. Camelo Ponte, edição 1998, SP — Biblioteca Nacional, 1999, RJ.

O Projeto foi apresentado pelas escritoras e educadoras Cláudia Regina Capellini e Maria Sirlei Reino (autoras da estória infantil) no Congresso Anual SINPEEM - Sindicato dos Profissionais em Educação no Ensino Municipal do Estado de São Paulo (Filiado ao DIEESE e à CUT) de 15 a 18 de setembro de 1998 no Palácio das Convenções do Anhembi, no programa "Temas Transversais".
O tema geral do Congresso foi "A Educação na Atualidade" — (In anais do SINPEEM).

II. "Relatório-Projeto" de Estágio: *capacitação para o processo do conhecimento na educação* — J. Camelo Ponte, edição 1998, SP — Biblioteca Nacional, 1999, RJ.

Projeto desenvolvido em escolas do Estado de São Paulo (A Trajetória de Uma Idéia - Tese) e experienciado oficialmente na EEPG "Visconde de Taunay" — 2ª Delegacia de Ensino da Capital de São Paulo, durante o ano de 1998.

INSTITUIÇÃO: UNICSUL — Universidade Cruzeiro do Sul — NUFEP — Núcleo de Formação e Especialização Profissional

Coordenação-Geral: *Profª Mestre Dirce Camargo Riani.*
Coordenação Adjunta: *Profª Vera Helena Rosa Rocha.*
Coord. Projetos de Extensão: *Profª Maria Stella Aoki Cerri.*
Orientadora/Supervisora de Estágio (Est/Fund/Med I e Met/Ens/Fund I): *Profª Geralda Terezinha Ramos, Prof.: Mestre Rômulo Pereira Nascimento (Pra/Met/Adm/Esc I).*

Projetos desenvolvidos em atendimento à Lei 9.394, de 20 de dezembro de 1996, que estabelece as Diretrizes e Bases da Educação Nacional, e Deliberação CEE 12/97, publicada em 23 de setembro de 1997 e da Resolução SE 208/86.

Fontes de Pesquisa
(e Publicações Coletivas)

Por
Edson Félix da Costa

"Enciclopédia de Literatura Brasileira", *Vol. I e Vol. II, OLAC, Oficina Literária Afrânio Coutinho, em convênio com o Ministério da Educação, FAE, Fundação de Assistência ao Estudante, RJ, 1990;"Bibliografia Brasileira",* Ed. da Biblioteca Nacional, RJ, 1993-1997.

"UBE, União Brasileira de Escritores, 40 anos", *Ed. Soma, SP, 1982.*

"Em Revista", *publicação serial da Editora do Escritor, n° 10 em 1980), 13 (em 1982), 14 (em 1982), 15 (em 1983), 16 (em 1983), 17 (em 1984), 22 (em 1995), e, 23 (em 1998).*

"Salvo Melhor Juízo", *Ed. do Escritor, SP, 1994.*

"Livro de Prata", *Ed. do Escritor, SP, 1995.*

"Vou Te Contar", *Ed. do Escritor, SP, 1996.*

"Caminhos da Poesia", *Ed. do Escritor, SP, 1997.*

"Estórias, Bichos! – 4", *Ed. do Escritor, SP, 1998.*

"Selected Writings", *Dept. of Spanish & Portuguese of Univ. Colorado, n° 15, 1988; International Writers Association, USA.*

Revista "Poema", *Ed. Seibunsha, Tóquio, Japão, 1985.*

"J. Camelo Ponte – A Poesia da Realidade em Crise!" , *Almeida, Nusley S. de, Biblioteca Nacional, Rio de Janeiro, 1996.*

"Incursão – Texto & Contexto in J. Camelo Ponte", *Miranda, Daicy Maria Cardozo, Biblioteca Nacional, Rio de Janeiro, 1999.*

"Prismas & Portais – A Trajetória Poética de J. Camelo Ponte", *Silva, Benedicto Luz e, Cultural Paulista Ed., SP, 1998.*

"3° Milênio", *Revista de Pesquisa Científica, Ano 1 – N° 0, Maio de 1996, Faculdades Integradas Nove de Julho, SP.*

"Alfabetizando com Poesia" — *Alves, Maria Elisa, Ed. Magnaprint, SP, 1995.*

"Haiku — by the children", *JAL, 1992 (trabalhos premiados no Japão).*

"O Ato Lúdico da Criação e Suas Relações Com a Lingüística e com a Neurolingüística" *(Tese), de Nádia C. Lauriti, IBEHE, Instituto Brasileiro de Estudos Homeopáticos, SP, 1996 e Departamento de Pesquisas Científicas das "Faculdades Integradas Nove de Julho, 1997".*

"O Social na Poesia de J. Camelo Ponte", *Santos, Raimundo Luiz dos, São Paulo, SP, (trabalho de término de curso, Letras, Faculdades Integradas Nove de Julho.*